Най-доб

книга з

колбаси

Вкусни домашни колбаси за всеки повод, от закуска до вечеря и всичко между тях. Открийте изкуството на приготвянето на колбаси със 100 ароматни рецепти, съвети и техники за усъвършенстване на вашия занаят.

Таня Мустакова

Sommario

ВЪВЕДЕНИЕ 9

1. Американска телешка наденица 12
2. Американска холандска наденица Пенсилвания 15
3. Американска свинска наденица 17
4. американски Телешки колбас 19
5. американски Креолски колбас (Chaurice) 21
6. Американски еленови рогоносци 23
7. Американска свинска наденица с джинджифил 25
8. американски Луизианска наденица 27
9. американски Норфолк наденица 29
10. Американска свинска наденица (креолски) 31
11. американски Свински колбас 33
12. американски Свински и Телешки колбаси 35
13. американски Наденица с розмарин 37
14. Американски пикантен колбас от свинско и телешко месо 39
15. американски Еленска наденица 41
16. Арменска агнешка наденица 43
17. арменски виенски колбас 45
18. Баварски Боквурст 48
19. Китайски кантонски колбас 50
20. Кубинска наденица 52
21. Датски ливервурст 54
22. Датска свинска наденица 56
23. датски Оксфорд Хорнс 58

24. Английски Оксфордска наденица 60
25. Френски Boudin Blanc De Paris 62
26. Френски Буден Блан Дю Ман 64
27. Френски Буден Блан 66
28. Френски Буден Ноар 68
29. Френски Сервелат 70
30. Френски Пилешка наденица 72
31. Френска селска телешка наденица 74
32. Френски бренди колбас 76
33. Чоризо във френски стил 78
34. Френски чеснов колбас 80
35. Френски Saucisses D'Alsace-Lorraine 82
36. Френски Саусис Сервелас 84
37. Френски Saucisses De Champagne 86
38. Френски Saucisses Au Champagne 88
39. Френски Saucisses Cuit Au Madere 90
40. Френски Сосиси с кимион 92
41. Френски Saucises Espagnoles 94
42. Френски Saucisses De France 96
43. Френски Saucisses Au Foie De Porc 98
44. Френски Saucisses Du Perigord 100
45. Френски Сосис де Тулуза 102
46. Френски Saucisses Viennoises 104
47. Френски Бял пилешки пудинг 106
48. Немски Черен пудинг 108
49. Немски черен пудинг с яйца 110

50. Немски Наденица с кръв и език 113
51. Немски Боквурст 115
52. Немски Брауншвайгер 117
53. Немски Братвурст 119
54. Немски кренвирши (виенски) 121
55. Немски кренвирш (Wienerwurst) 123
56. Немски Gehirnwurst 125
57. Немски кнаквурст 127
58. Немски Кьонигсвурст 129
59. немски _ ноквурст 131
60. Немски черен дроб 133
61. Немски Метвурст 135
62. Немски Мец 137
63. Немски Швабишевурст 139
64. Немски Wurstchen 141
65. Гръцка наденица Луканика 143
66. Гръцка портокалова наденица 145
67. Гръцка свинска наденица 147
68. Гръцки Кървавица 149
69. унгарски Рибен колбас 151
70. унгарски Хази Колбаш 153
71. Унгарска хурка 155
72. Унгарски колбаш 157
73. Унгарска Majas Hurka (люта наденица) 159
74. Ирландска наденица 161
75. ирландски Болоня 163

76. Италиански Варен салам 166
77. Италиански Котечино 168
78. Италиански Луганега 170
79. Италианска чушка наденица 172
80. Италианска наденица 174
81. Италианска наденица (люта) 176
82. Италианска наденица (сладка) 178
83. Италианска наденица (сладка или люта) 179
84. Италиански чоризо 181
85. мексикански Сонора Чоризо 183
86. мексикански Чоризо 185
87. мексикански/испански Агнешка наденица 187
88. Норвежка наденица 189
89. Полска кървавица 191
90. полски Kielbasa 193
91. Полска Kiszka 195
92. Полски Kiszka z Krwia 196
93. полска наденица 198
94. Пушена полска килбаса 200
95. португалски език 202
96. Румънска телешка наденица 204
97. Румънски Мititей 206
98. Румънски колбас от свинско и телешко месо 208
99. руска наденица 210
100. шотландски Хагис 212
ЗАКЛЮЧЕНИЕ 214

ВЪВЕДЕНИЕ

Добре дошли в Най-добрата готварска книга за правене на колбаси, където ще намерите 100 апетитни рецепти за колбаси, които ще издигнат кулинарните ви умения на следващото ниво. Независимо дали сте начинаещ или опитен готвач, ще намерите много вдъхновение и полезни съвети в това изчерпателно ръководство.

Всяка рецепта е придружена с пълноцветна снимка, за да можете да видите точно как трябва да изглежда вашият колбас. Ще намерите и подробни инструкции как да подготвите и сготвите всеки колбас, както и съвети за избора на правилните съставки и оборудване.

От класически италиански колбаси до пикантно чоризо и колбаси за закуска, в тази готварска книга има по нещо за всеки. Ще намерите и рецепти за вегетариански колбаси, така че дори тези, които не ядат

месо, могат да се насладят на вкусните вкусове и текстури на домашните колбаси.

С възхода на движението за ръчно изработени храни, любителите на храната полудяват по изцяло натуралните, ръчно изработени колбаси с уникален вкус, които намират навсякъде в месарските кутии. Използвайте това ръководство, за да изведете занаята на правенето на колбаси на съвсем ново ниво с огнено чоризо, връзки за закуска с кленов бекон, опушен братвурст, кремообразен блан и най-добрия изцяло натурален сандвич. Това изчерпателно ръководство „всичко в едно" приветства ново поколение любители на месото и ентусиасти „Направи си сам" към едно от най-удовлетворяващите и вкусни кулинарни занаяти.

Честито правене на колбаси!

1. Американска телешка наденица

d) За сервиране нарежете месото на тънки филийки и го запечете бавно до покафеняване от всички страни.

СЪСТАВ:

- 6 килограма постно говеждо месо
- 2 супени лъжици градински чай
- 3 супени лъжици сол
- $1\frac{1}{2}$ чаена лъжичка прясно смлян черен пипер
- 1 чаена лъжичка кайен
- 3 чаши галета
- 4 супени лъжици магданоз, наситнен
- 2 разбити яйца
- 1 чаша вода

ИНСТРУКЦИИ:

a)Смесете добре всички съставки и ги напълнете в свински черва.

b) Поставете във вряща вода, като се уверите, че сте покрили напълно с вода, и варете около половин час.

c) Вземете от тенджерата и оставете да се охлади, след това охладете.

2. Американска холандска наденица Пенсилвания

СЪСТАВ:

- 5 паунда грубо смляно свинско дупе
- ⅓ чаша градински чай
- 2 супени лъжици смлян карамфил
- 3 супени лъжици кориандър
- 2 супени лъжици сол
- 1 супена лъжица черен пипер
- 1 чаша студена вода

ИНСТРУКЦИИ:

a) Комбинирайте всички съставки, разбъркайте добре и напълнете в овче черво.

b) За готвене, пържене или печене.

3. Американска свинска наденица

СЪСТАВ:

- 5 паунда средно смляно свинско месо
- 1 супена лъжица сол
- 2 супени лъжици градински чай
- 2 чаени лъжички прясно смлян пипер
- 1 чаена лъжичка смлян карамфил
- 2 ч.л. смлян боздуган
- 2 супени лъжици кориандър
- 1 цяло индийско орехче, настъргано
- 1 чаша вода

ИНСТРУКЦИИ:

а)Комбинирайте всички съставки, разбъркайте добре и напълнете в овча обвивка или направете на банички.

4. американски Телешки колбас

СЪСТАВ:

- 5 паунда средно смляно говеждо месо
- 2 чаени лъжички бял пипер
- 2 супени лъжици смляно индийско орехче
- 2 супени лъжици градински чай
- 2 супени лъжици захар
- 4 скилидки пресован чесън
- 2 супени лъжици сол
- 1 чаша вода

ИНСТРУКЦИИ:

a)Комбинирайте всички съставки, разбъркайте добре и напълнете в овче черво.

b) За готвене, печене, печене или пържене.

5. американски Креолски колбас (Chaurice)

СЪСТАВ:

- 5 паунда грубо смляно свинско дупе
- 1 чаша настърган лук
- 8 скилидки пресован чесън
- 1 супена лъжица сушени люти счукани чушки
- 3 супени лъжици кайен
- 2 супени лъжици черен пипер
- 1 чаена лъжичка бахар
- 2 супени лъжици захар
- 1 супена лъжица сол
- 1 чаша нарязан магданоз
- 1 чаша студена вода

ИНСТРУКЦИИ:

a)Комбинирайте всички съставки, разбъркайте добре и напълнете в свинска обвивка.

b) За готвене, печене, печене или пържене.

6. Американски еленови рогоносци

СЪСТАВ:

- Стомах на елен
- 3 унции суит
- 1 глава лук
- 8 унции еленско месо
- 3 унции овесени ядки
- сол пипер

ИНСТРУКЦИИ:

a)Смесете горните съставки. Измийте стомаха на елена и го обърнете наопаки.

b) Напълнете корема със сместа, след което завържете двата края. Вари се 45 минути.

c) Когато сте готови да ядете този необичаен колбас, го запържете в сгорещена мазнина до кафяво, около 15 минути. Сервирайте горещ.

7. Американска свинска наденица с джинджифил

СЪСТАВ:

- 5 паунда средно смляно свинско дупе
- 5 супени лъжици сол
- 3 супени лъжици черен пипер
- 2 супени лъжици смлян джинджифил

ИНСТРУКЦИИ:

a)Комбинирайте всички съставки, разбъркайте добре и напълнете в свинска обвивка.

b) За готвене, запържете.

8. американски Луизианска наденица

СЪСТАВ:

- 5 паунда средно смляно свинско дупе
- 5 супени лъжици сол
- 2 супени лъжици черен пипер
- ½ чаена лъжичка бахар
- 2 чаени лъжички мащерка
- 1½ чаени лъжички кайен
- 1½ чаена лъжичка лют червен пипер
- 1 голяма глава смлян лук
- 4 скилидки пресован чесън
- 1 чаша студена вода

ИНСТРУКЦИИ:

а)Комбинирайте всички съставки, разбъркайте добре и напълнете в свинска обвивка или направете банички.

9. американски Норфолк наденица

СЪСТАВ:

- 5 паунда средно смляно говеждо
- 1½ супени лъжици сол
- 2 чаши настърган пармезан
- 1½ супени лъжици черен пипер
- 1 супена лъжица босилек
- 1 супена лъжица риган
- 3 супени лъжици синапено семе
- 8 скилидки пресован чесън
- 1 малка глава настърган лук
- 1½ чаши червено вино

ИНСТРУКЦИИ:

a)Комбинирайте всички съставки, разбъркайте добре и напълнете в свинска обвивка.

b) За готвене, печене или печене (също бавно барбекю).

10. Американска свинска наденица (креолски)

СЪСТАВ:

- 5 паунда средно смляно свинско месо
- 2 нарязани големи лука
- 1 скилидка чесън, смлян
- 3 супени лъжици сол
- 2 чаени лъжички прясно смлян пипер
- 1 чаена лъжичка счукана, изсушена люта чушка
- 2 супени лъжици червен пипер
- $\frac{1}{2}$ чаена лъжичка кайен
- 2 супени лъжици магданоз, наситнен
- $\frac{1}{4}$ чаена лъжичка смлян бахар
- $\frac{1}{4}$ чаена лъжичка мащерка
- $1\frac{1}{2}$ чаши вода

ИНСТРУКЦИИ:

a)Комбинирайте всички съставки, разбъркайте добре и напълнете в овче черво.

b) Приберете в хладилник.

c) За да готвите, запържете на среден огън до кафяво от всички страни и гответе до готовност.

11. американски Свински колбас

СЪСТАВ:

- 5 паунда средно смляно свинско месо
- 1 супена лъжица прясно смлян черен пипер
- $\frac{1}{2}$ чаша смлян градински чай
- 2 супени лъжици сол
- 1 чаша вода

ИНСТРУКЦИИ:

a)Комбинирайте всички съставки, разбъркайте добре и напълнете в свинска обвивка.

b) Опушете колбаси, докато кожата изглежда суха и твърда. Окачете наденицата на сухо място, докато сте готови за употреба.

c) За да ги сготвите, нарежете колбасите надолу по средата, по дължина и ги запечете бавно, като запечете и двете страни, докато са добре готови.

12. американски Свински и Телешки колбаси

СЪСТАВ:

- 4 паунда средно смляно свинско дупе
- 1 килограм средно смляно телешко месо
- 2 чаши галета
- 3 супени лъжици сол
- $1\frac{1}{2}$ супени лъжици смлян бахар
- 1 чаена лъжичка мащерка
- 1 чаена лъжичка градински чай
- $1\frac{1}{2}$ чаена лъжичка черен пипер
- 1 чаша вода

ИНСТРУКЦИИ:

a)Комбинирайте всички съставки, разбъркайте добре и напълнете в свинска или овча обвивка.

b) За готвене се пържат в сгорещена мазнина.

13. американски Наденица с розмарин

СЪСТАВ:

- $1\frac{1}{2}$ паунда фино смляно телешко
- 2 паунда фино смляно свинско дупе
- $1\frac{1}{2}$ паунда фино смляно говеждо месо
- 2 супени лъжици черен пипер
- $1\frac{1}{2}$ супени лъжици сол
- 1 супена лъжица розмарин
- 1 чаена лъжичка индийско орехче
- 1 чаена лъжичка мащерка
- 1 чаена лъжичка майорана
- 1 чаша вода

ИНСТРУКЦИИ:

a)Комбинирайте всички съставки, разбъркайте добре и напълнете в свинска обвивка.

b) Печете, пържете или печете.

14. Американски пикантен колбас от свинско и телешко месо

СЪСТАВ:

- 4 паунда фино смляно свинско дупе
- 1 килограм фино смляно телешко месо
- 1 чаша картофено брашно
- 4 чаши вода
- 2 супени лъжици сол
- 1½ чаена лъжичка бял пипер
- 2 супени лъжици захар
- ½ чаена лъжичка смлян карамфил
- ½ чаена лъжичка смлян джинджифил

ИНСТРУКЦИИ:

a)Комбинирайте всички съставки, разбъркайте добре и напълнете в свинска обвивка. Поръсете с равни части сол и захар.

b) Охладете поне 24 часа. Поширайте около 20 минути, след това изпечете или изпържете.

15. американски Еленска наденица

СЪСТАВ:

- 4 паунда грубо смляно еленско месо
- 1 килограм фино смлян бекон
- 1 супена лъжица сол
- 1 супена лъжица градински чай
- 1 чаена лъжичка бахар
- 2 супени лъжици захар
- 1 чаена лъжичка кориандър
- $1\frac{1}{2}$ чаена лъжичка синапено семе
- 6 скилидки пресован чесън
- 2 супени лъжици черен пипер
- 1 чаша студена вода

ИНСТРУКЦИИ:

a)Комбинирайте всички съставки, разбъркайте добре и напълнете в свинската обвивка.

b) За готвене, варене, печене или пържене.

16. Арменска агнешка наденица

СЪСТАВ:

- 5 паунда средно смляно агнешко
- 1 чаша ситно нарязан лук
- 8 скилидки пресован чесън
- 2 супени лъжици черен пипер
- 1 супена лъжица сол
- ⅔ чаша пресни листа от мента
- 1 чаша вода

ИНСТРУКЦИИ:

a)Комбинирайте всички съставки, разбъркайте добре и напълнете в овче черво.

b) За готвене, печене или барбекю.

17. арменски виенски колбас

СЪСТАВ:

- 3½ фунта фино смляно свинско дупе
- 2½ паунда фино смляно телешко задушено месо
- ¼ чаша ситно нарязан лук
- 2 супени лъжици захар
- 1 чаена лъжичка кайен
- 2 супени лъжици червен пипер
- 1 чаена лъжичка смлян боздуган
- 1 супена лъжица смлян кориандър
- 1½ супени лъжици сол
- ¼ чаша корен от стрела
- 1½ чаши мляко

ИНСТРУКЦИИ:

а)Комбинирайте всички съставки, разбъркайте добре и отново прекарайте през финото острие на мелницата.

b) Напълнете в овча обвивка. Не разделяйте връзките.

c) Поставете в гореща вода и оставете да къкри около 45 минути.

d) Извадете, охладете и съхранявайте.

18. Баварски Боквурст

СЪСТАВ:

- 3 килограма фино смляно телешко месо
- 2 паунда фино смляно свинско дупе
- 1½ чаши сметана
- ⅓ чаша нарязан див лук
- 1 чаша настърган лук
- 1½ супени лъжици бял пипер
- 1 супена лъжица сол
- ¾ супени лъжици индийско орехче
- ½ чаена лъжичка боздуган
- 1 чаша вода

ИНСТРУКЦИИ:

a)Комбинирайте всички съставки, разбъркайте добре и напълнете в свинска обвивка.

b) Оставете да къкри 20 минути, след това запържете.

19. Китайски кантонски колбас

СЪСТАВ:

- 5 паунда грубо смляно свинско дупе
- 1 супена лъжица сол
- $\frac{1}{2}$ чаша мед
- $\frac{1}{4}$ чаша портокалов сок
- 2 супени лъжици бял оцет
- 1 чаша соев сос
- 1 чаша оризово вино

ИНСТРУКЦИИ:

a)Комбинирайте всички съставки, разбъркайте добре и напълнете в свинска обвивка.

b) За готвене се запържва във фъстъчено олио.

20. Кубинска наденица

СЪСТАР

грубо смляно свинско дупе

- 5 пс и лъжици сол
- 1½ лъжица черен пипер
- ідки пресован чесън
- ни лъжици кимион
- ени лъжици риган
- а анато или червен пипер
- аши вода

ИНСТРУКЦИИ:

a)Комбинирайте всички съставки, разбъркайте добре и напълнете в свинска обвивка.

b) За готвене, барбекю, печене или пържене.

21. Датски ливервурст

СЪСТАВ:

- 4 паунда фино смлян варен свински черен дроб (варен)
- 1 килограм фино смлян бекон
- 2 чаши смлян лук
- $1\frac{1}{2}$ чаши мляко
- $1\frac{1}{2}$ чаши кондензирано мляко
- $\frac{1}{2}$ чаша картофено брашно
- 6 разбити яйца
- 3 супени лъжици черен пипер
- 2 супени лъжици сол
- 1 чаена лъжичка смлян карамфил
- 1 чаена лъжичка бахар

ИНСТРУКЦИИ:

a)Направете сос от млякото и картофеното брашно и варете до сгъстяване.

b) Комбинирайте всички съставки.

c) Варете в подсолена вода за около 20 минути.

d) Охладете за 24 часа преди употреба.

e) Нарежете колбаса и го използвайте като намазка.

22. Датска свинска наденица

СЪСТАВ:

- 5 паунда фино смляно свинско дупе
- 5 супени лъжици сол
- $\frac{1}{4}$ чаена лъжичка бахар
- 2 чаени лъжички бял пипер
- $\frac{1}{4}$ чаена лъжичка карамфил
- 1 чаена лъжичка кардамон
- 1 голяма глава смлян лук
- 1 чаша студен телешки бульон

ИНСТРУКЦИИ:

а)Комбинирайте всички съставки, разбъркайте добре и напълнете в свинска обвивка.

23. датски Оксфорд Хорнс

СЪСТАВ:

- 5 паунда грубо смляно свинско дупе
- 1½ супени лъжици градински чай
- 1½ чаена лъжичка мащерка
- 1½ чаена лъжичка майорана
- цяла настъргана лимонова кора
- 1½ чаена лъжичка индийско орехче
- 4 супени лъжици сол
- 2 супени лъжици черен пипер
- 3 яйца
- 1 чаша вода

ИНСТРУКЦИИ:

а)Комбинирайте всички съставки, разбъркайте добре и напълнете в свинска обвивка.

b) За готвене, пържене или печене.

24. Английски Оксфордска наденица

СЪСТАВ:

- 2 паунда фино смляно свинско дупе
- 2 килограма фино смляно телешко
- 1 паунд фино смляно говеждо месо
- $\frac{1}{2}$ хляб пресен хляб с квас
- $1\frac{1}{2}$ цяла настъргана лимонова кора
- 1 чаена лъжичка мащерка
- 1 чаена лъжичка градински чай
- 1 чаена лъжичка чубрица
- 1 чаена лъжичка розмарин
- 1 цяло индийско орехче, настъргано
- 4 супени лъжици сол
- 2 чаени лъжички сол
- 2 супени лъжици черен пипер
- 1 чаша вода
- 4 яйца

ИНСТРУКЦИИ:

a)Комбинирайте всички съставки, разбъркайте добре и напълнете в свинска обвивка.

b) За готвене, пържене или печене.

.

25. Френски Boudin Blanc De Paris

СЪСТАВ:

- $2\frac{1}{2}$ фунта фино смляно свинско дупе
- $2\frac{1}{2}$ паунда фино смлени пилешки гърди
- 2 супени лъжици сол
- $2\frac{1}{2}$ чаени лъжички бял пипер
- 1 чаена лъжичка quatre-epices
- 6 чаши ситно нарязан лук
- $1\frac{1}{2}$ чаша хляб, накиснат в 1 чаша гореща сметана
- 8 яйца

ИНСТРУКЦИИ:

a)Комбинирайте всички съставки, разбъркайте добре и напълнете в свинска обвивка.

b) За готвене, пържене или печене.

26. Френски Буден Блан Дю Ман

СЪСТАВ:

- 5 паунда фино смляно свинско дупе
- 2 супени лъжици сол
- 3 супени лъжици кватър-епици
- $1\frac{1}{2}$ чаши ситно нарязан лук
- $\frac{3}{4}$ чаша нарязан магданоз
- 2 чаши сметана
- 4 яйца

ИНСТРУКЦИИ:

a)Комбинирайте всички съставки, разбъркайте добре и напълнете в свинска обвивка.

b) За готвене, пържене или печене.

27. Френски Буден Блан

СЪСТАВ:

- 2½ фунта фино смляно свинско дупе
- 2½ паунда фино смлени пилешки гърди
- 2 супени лъжици сол
- 3 супени лъжици бял пипер
- 3 супени лъжици кватър-епици
- 20 яйца
- 6 супени лъжици оризово брашно и 6 чаши мляко, смесени заедно - избягвайте бучки

ИНСТРУКЦИИ:

a)Комбинирайте всички съставки, разбъркайте добре и напълнете в свинска обвивка.

b) За готвене, пържене или печене.

28. Френски Буден Ноар

СЪСТАВ:

- 2 паунда едросмляно варено свинско дупе
- 3 литра свинска или телешка кръв
- 2 чаши пържен лук
- 1 супена лъжица сол
- 2 супени лъжици черен пипер
- 2 супени лъжици кайен
- 4 скилидки пресован чесън
- $\frac{1}{2}$ чаена лъжичка смлян бахар
- $\frac{1}{2}$ чаена лъжичка смлян боздуган
- $\frac{1}{2}$ чаена лъжичка смлян карамфил
- $\frac{1}{2}$ чаени лъжички смляно индийско орехче

ИНСТРУКЦИИ:

a)Комбинирайте всички съставки, разбъркайте добре и напълнете в свинска обвивка.

b) За да готвите, поставете наденицата в хладка вода и оставете да къкри за 15 минути.

c) Освен това можете да го изпечете.

29. Френски Сервелат

СЪСТАВ:

- 4 паунда средно смляно свинско дупе
- 1 килограм фино смлян бекон
- 1 чаша нарязан магданоз
- $\frac{1}{4}$ чаша нарязан лук и зеленчуци
- 1$\frac{1}{2}$ супени лъжици сол
- 1 чаена лъжичка мащерка
- 1 чаена лъжичка босилек
- 6 скилидки пресован чесън
- 1 чаша сухо бяло вино

ИНСТРУКЦИИ:

a)Комбинирайте всички съставки и ги напълнете в обвивката. Оставете за 3-4 дни на хладно място.

b) Гответе тази наденица в телешки бульон поне три часа със сол, черен пипер, мащерка, босилек, дафинов лист, магданоз и нарязан лук.

30. Френски Пилешка наденица

СЪСТАВ:

- 4 паунда средно смляно варено бяло пиле
- 1 килограм средно смлян варен бекон
- 1 килограм средно смлени варени пилешки дробчета
- 10 средни яйца
- 1 супена лъжица сол
- 1 чаена лъжичка индийско орехче
- 1 чаена лъжичка смлян карамфил
- 2 чаени лъжички бял пипер
- 1 чаша пилешки бульон
- 1 чаша галета

ИНСТРУКЦИИ:

a)Комбинирайте всички съставки, разбъркайте добре и напълнете в овче черво.

b) За готвене, печене, печене или пържене в масло.

31. Френска селска телешка наденица

СЪСТАВ:

- 4 килограма постно говеждо месо
- 2 килограма постно бекон
- 2½ супени лъжици сол
- 3 супени лъжици прясно смлян пипер
- 4 скилидки пресован чесън
- 2 супени лъжици пимент, нарязан
- 1 чаша вода

ИНСТРУКЦИИ:

a)Смелете говеждо месо с фина плоча на мелница заедно с бекона.

b) Разбъркайте добре с останалите съставки и напълнете в овче черво.

c) Можете да вържете на всеки 4-6 инча.

d) Сушат се в топла фурна или се опушват съвсем леко.

e) За да сервирате, задушете във вряща вода или телешки бульон за около 10-12 минути.

32. Френски бренди колбас

СЪСТАВ:

- 2 килограма фино смляно телешко
- 2 килограма фино смляно свинско месо
- 1 килограм фино смляно говеждо месо
- 4 скилидки чесън, пресовани
- 1 голяма глава смлян лук
- 1 чаша ситно нарязан магданоз
- 5 супени лъжици сол
- 5 супени лъжици черен пипер
- 1 чаша калифорнийско бренди

ИНСТРУКЦИИ:

a)Комбинирайте всички съставки, разбъркайте добре и напълнете в свинска обвивка.

b) Поръсете с равни части сол и кафява захар. Охладете поне една нощ.

c) Попарете да се готви и изпържи.

33. Чоризо във френски стил

СЪСТАВ:

- 5 паунда грубо смляно свинско дупе
- 2 супени лъжици сол
- 1 чаена лъжичка захар
- 2 нарязани големи сладки чушки
- 1 чаена лъжичка quatre-epices
- 2 супени лъжици лют червен пипер
- 4 големи скилидки пресован чесън
- 1 чаша червено вино

ИНСТРУКЦИИ:

a)Комбинирайте всички съставки, разбъркайте добре и напълнете в свинска обвивка.

b) Завържете на всеки 6 инча. Леко охладете дима за 8-10 часа.

c) За готвене, пържене или скара.

34. Френски чеснов колбас

СЪСТАВ:

- 5 паунда средно смляно свинско дупе
- 1½ супени лъжици сол
- 1½ чаена лъжичка черен пипер
- ½ чаена лъжичка кайен
- ½ чаена лъжичка индийско орехче
- ½ чаена лъжичка карамфил
- ½ чаени лъжички канела
- 8 скилидки пресован чесън
- ¼ чаша бренди
- 1 чаша вода

ИНСТРУКЦИИ:

a)Комбинирайте всички съставки, разбъркайте добре и напълнете в свинска обвивка.

b) За готвене, печене или пържене.

35. Френски Saucisses D'Alsace-Lorraine

СЪСТАВ:

- 5 паунд... средно смляно свинско дупе
- ...и лъжици сол
- ...ъжичка смлян джинджифил
- ...жичка захар
- ...ичка черен пипер
- ...жичка quatre-epices
- ... бяло вино
- ...чаши ситно нарязани гъби

ИНСТРУКЦИИ:

a)Комбинирайте всички съставки, разбъркайте добре и напълнете в овче черво.

b) Завържете на всеки 6 инча.

c) За готвене се запържва в масло.

36. Френски Саусис Сервелас

СЪСТАВ:

- 3 паунда средно смляно свинско дупе
- 1 паунд средно смляно говеждо месо
- 1 килограм фино смлян бекон
- 2 супени лъжици сол
- 1 супена лъжица черен пипер
- 8 скилидки пресован чесън
- 1 голяма глава лук, смляна
- 1 чаша вода

ИНСТРУКЦИИ:

a)Комбинирайте всички съставки, разбъркайте добре и напълнете в свинска обвивка.

b) Вържете на всеки 6 или 10 инча. Може да се пуши, ако желаете.

c) За готвене се оставя да къкри в гореща вода или червено вино.

37. Френски Saucisses De Champagne

СЪСТАВ:

- 5 паунда грубо смляно свинско дупе
- 2 супени лъжици сол
- 2 супени лъжици захар
- 2 супени лъжици черен пипер
- 2 чаени лъжички quatre-epices
- 1 чаена лъжичка мащерка
- 1 чаша нарязан магданоз
- ½ чаша пименто
- 4 скилидки пресован чесън
- 1 чаша червено вино

ИНСТРУКЦИИ:

a)Комбинирайте всички съставки, разбъркайте добре и напълнете в голяма овча обвивка. Завържете на всеки 6 инча.

b) Наденицата се запарва във вряща вода за 15-20 минути, след което се запържва в масло или на скара.

38. Френски Saucisses Au Champagne

СЪСТАВ:

- 5 паунда фино смляно свинско дупе
- 2 супени лъжици сол
- 2½ чаени лъжички quatre-epices
- 6 пресни яйца
- 3 чаши ситно нарязани гъби
- 1 бутилка шампанско

ИНСТРУКЦИИ:

а)Комбинирайте всички съставки, разбъркайте добре и напълнете в голяма овча обвивка.

b) Завържете на всеки 6 инча.

c) Наденицата се запарва във вряща вода за 15-20 минути, след което се запържва в масло или на скара.

39. Френски Saucisses Cuit Au Madere

СЪСТАВ:

- 5 паунда фино смляно свинско дупе
- 2 супени лъжици сол
- 1½ чаени лъжички quatre-epices
- 2 чаши нарязани гъби
- 4 унции ядки шам фъстък, нарязсни
- 1 чаша вино Мадейра

ИНСТРУКЦИИ:

a)Комбинирайте всички съставки, разбъркайте добре и напълнете в свинска обвивка.

b) Завържете на всеки 6 инча.

c) Оставете да къкри 1 час, охладете и приберете в хладилника.

d) Да готвя, пека.

40. Френски Сосиси с кимион

СЪСТАВ:

- $2\frac{1}{2}$ паунда средно смляно свинско дупе
- $2\frac{1}{2}$ фунта фино смляно говеждо месо
- 4 супени лъжици сол
- 10 скилидки пресован чесън
- 1 супена лъжица черен пипер
- 2 супени лъжици наситнени чушки
- 4 супени лъжици смлян кимион
- 1 чаша вода

ИНСТРУКЦИИ:

a)Комбинирайте всички съставки, разбъркайте добре и напълнете в свинска обвивка.

b) Завържете на всеки 5 инча. Охладете дима за 48 часа.

c) Изсушете още 5 дни.

d) За готвене, пържене, скара или варене.

41. Френски Saucises Espagnoles

СЪСТАВ:

- 5 паунда средно смляно свинско дупе
- 2 супени лъжици сол
- 3 супени лъжици сладък червен пипер, счукан
- 3 супени лъжици кватър-епици
- 2 супени лъжици лют червен пипер
- 1 чаша стафиди, нарязани
- 1 чаша червено вино

ИНСТРУКЦИИ:

a)Комбинирайте всички съставки, разбъркайте добре и напълнете в свинска обвивка.

b) Завържете на всеки 5 инча.

c) Охладете дима за 8-12 часа.

d) За готвене, пържене или скара.

42. Френски Saucisses De France

СЪСТАВ:

- 5 паунда средно смляно свинско дупе
- 2 супени лъжици сол
- 2 чаени лъжички quatre-epices
- 2 супени лъжици черен пипер
- 1 чаша нарязан магданоз
- 1 чаена лъжичка градински чай
- 1 чаена лъжичка мащерка
- 1 чаша бяло вино

ИНСТРУКЦИИ:

a)Комбинирайте всички съставки, разбъркайте добре и напълнете в свинска обвивка.

b) Завържете на всеки 4-6 инча.

c) Посерирайте за един час, след което охладете. За готвене, пържене или скара.

43. Френски Saucisses Au Foie De Porc

СЪСТАВ:

- 3 паунда средно смляно свинско дупе
- 2 килограма пюре от свински дроб
- 1 килограм сотиран нарязан лук
- 2 супени лъжици сол
- 2 супени лъжици черен пипер
- 2 чаени лъжички quatre-epices
- 1 чаша Киршвасер или ракия

ИНСТРУКЦИИ:

a)Комбинирайте всички съставки, разбъркайте добре и напълнете в свинска обвивка.

b) Завържете на всеки 4-6 инча.

c) Посерирайте за един час, след което охладете. За готвене, пържене или скара.

44. Френски Saucisses Du Perigord

СЪСТАВ:

- 5 паунда средно смляно свинско дупе
- 2 супени лъжици сол
- 2 чаши нарязани гъби
- или трюфели
- 2 супени лъжици захар
- 2 супени лъжици черен пипер
- 2 чаени лъжички quatre-epices
- 1 чаша бяло вино

ИНСТРУКЦИИ:

a)Комбинирайте всички съставки, разбъркайте добре и напълнете в овче черво.

b) Завържете на всеки 5 инча.

c) За готвене се запържва в масло.

45. Френски Сосис де Тулуза

СЪСТАВ:

- 5 паунда грубо смляно свинско дупе
- 2 супени лъжици сол
- 3 супени лъжици захар
- 1 чаена лъжичка quatre-epices
- 1 чаша вода

ИНСТРУКЦИИ:

a)Комбинирайте всички съставки, разбъркайте добре и напълнете в свинска обвивка.

b) Завържете на всеки 6-8 инча. За готвене, пържене или скара.

46. Френски Saucisses Viennoises

СЪСТАВ:

- 2 паунда фино смляно свинско дупе
- 2 паунда фино смляно говеждо месо
- 1 килограм фино смляно телешко месо
- 2 супени лъжици сол
- 1 чаена лъжичка quatre-epices
- 2 супени лъжици лют червен пипер
- 2 супени лъжици кориандър
- 2 чаши вода

ИНСТРУКЦИИ:

a)Комбинирайте всички съставки, разбъркайте добре и напълнете в агнешка или малка свинска обвивка.

b) Студено пушене за 8-10 часа.

c) За готвене, пържене, скара или варене.

47. Френски Бял пилешки пудинг

СЪСТАВ:

- 3 паунда фино смлени пилешки гърди
- 2 паунда фино смляно свинско дупе
- 1 чаша нарязан лук, задушен в маслото
- 3 дафинови листа
- 1 чаена лъжичка мащерка
- 5 супени лъжици сол
- 1 чаена лъжичка бял пипер
- 1 ч.л
- 1 чаена лъжичка индийско орехче
- 8 яйца
- 4 чаши попарено мляко, охладено

ИНСТРУКЦИИ:

a)Комбинирайте всички съставки, разбъркайте добре и напълнете в свинска обвивка.

b) За да готвите, оставете да къкри за 20 минути, след което запържете с масло на слаб огън.

48. Немски Черен пудинг

СЪСТАВ:

- 4 паунда свинска мас, нарязана на кубчета
- 4 чаши лук, нарязан и леко
- сотирани в свинска мас
- 4 супени лъжици сол
- ½ чаени лъжички прясно смлян черен пипер
- ½ ч.л. смлени всички подправки
- 2 чаши сметана
- 8 чаши свинска кръв

ИНСТРУКЦИИ:

a)Разбъркайте добре горните съставки. Нещата в корпуса са доста хлабави.

b) Поставете пудингите в телена кошница или подобна измишльотина и ги потопете във вряща вода. Намалете котлона и оставете да къкри 20 минути.

c) Докато пудингите се издигат на повърхността на водата, набодете корите с игла, за да освободите въздух. Отцедете и оставете да изстине в съд.

d) За сервиране направете няколко леки разреза от двете страни на пудингите и ги запечете бавно на слаб огън, като се уверите, че са покафенели от всички страни.

49. Немски черен пудинг с яйца

СЪСТАВ:

- 2 килограма свинска мас, нарязана на кубчета и леко разтопена
- 1 чаша сметана
- 6 яйца, разбити
- 1 чаша лук, леко задушен в мазнина
- 1 супена лъжица сол
- $\frac{1}{2}$ чаени лъжички прясно смлян черен пипер
- $\frac{1}{2}$ чаена лъжичка бахар, смлян
- $\frac{1}{2}$ чаени лъжички мащерка
- дафинови листа, натрошени
- 4 чаши свинска кръв

ИНСТРУКЦИИ:

a)Разбъркайте добре горните съставки. Напълнете в свинска обвивка, като внимавате да напълните хлабаво, тъй като тази смес ще набъбне при бракониерство.

b) Поставете пудингите в телена кошница и ги сложете във вряща вода.

c) Намалете топлината до малко под кипене и гответе за около 20 минути.

d) Когато пудингите изплуват на повърхността, набодете с игла, за да изпуснете въздух. За да сервирате, нацепете пудингите и ги запечете бавно на слаб огън, докато покафенеят от всички страни.

е) Добавете една чаена лъжичка оцет към една qt. прясна кръв, за да не се съсирва.

50. Немски Наденица с кръв и език

СЪСТАВ:

- 9 паунда свинска гръбна мазнина
- 3 килограма варени кори
- 6 килограма варени свински езици
- 2 килограма кръв
- 7 унции сол
- $\frac{3}{4}$ унции черен пипер
- $\frac{1}{2}$ унция боздуган
- $\frac{1}{4}$ унция майорана
- $\frac{1}{4}$ унции лук на прах (по избор)

ИНСТРУКЦИИ:

a)Гръбната мазнина се нарязва на кубчета и се попарва във вряща вода.

b) Прекарайте сварените кори през фина плоча на мелница 2 пъти.

c) Нарежете на кубчета сварените, обелени езици.

d) Поставете кръвта в съд с гореща вода, за да се загрее малко.

e) Прецедете водата от свинската мазнина и смесете всички съставки заедно. Те трябва да са възможно най-горещи по време на смесването.

f)Напълнете в волска (за предпочитане) обвивка, потопете във вряща вода и намалете котлона до 180° F. Гответе 3-4 часа в зависимост от размера на колбасите.

g) Добавете една чаена лъжичка оцет на литър прясна кръв, за да я предпазите от коагулация.

51. Немски Боквурст

СЪСТАВ:

- $4\frac{1}{2}$ паунда фино смляно телешко
- $\frac{1}{2}$ паунд фино смляна свинска мазнина
- $\frac{3}{4}$ чаша ситно нарязан лук
- 3 чаши мляко
- 3 яйца
- $2\frac{1}{2}$ чаени лъжички смлян карамфил
- $1\frac{1}{2}$ чаена лъжичка бял пипер
- 3 чаени лъжички ситно нарязан магданоз
- 3 супени лъжици сол

ИНСТРУКЦИИ:

a)Комбинирайте всички съставки, разбъркайте добре и отново прекарайте през финото острие на мелницата.

b) Нещата в свинска обвивка.

52. Немски Брауншвайгер

СЪСТАВ:

- $2\frac{1}{2}$ паунда фино смлян варен свински черен дроб (варен)
- $2\frac{1}{2}$ фунта фино смляно варено свинско дупе (варено)
- 2 супени лъжици сол
- 1 чаша настърган лук
- 1 супена лъжица захар
- 2 чаени лъжички бял пипер
- 2 чаени лъжички смлян карамфил
- $\frac{1}{2}$ чаена лъжичка смлян джинджифил
- 2 супени лъжици смляно индийско орехче
- $\frac{1}{2}$ чаена лъжичка смлян майорана

- $\frac{1}{4}$ чаена лъжичка градински чай
- $\frac{1}{4}$ чаена лъжичка бахар
- 1 чаша вода, използвана за варене на месо

ИНСТРУКЦИИ:

a)Комбинирайте всички съставки, разбъркайте, докато стане гладка и пастообразна, и напълнете в телешка, свинска или платнена обвивка.

b) Варете в подсолена вода за около 20 минути.

c) Охладете за 24 часа преди употреба.

d) Тази наденица много прилича на черен дроб. Използвайте го като намазка.

53. Немски Братвурст

СЪСТАВ:

- 4 паунда фино смляно свинско дупе
- 2 килограма фино смляно телешко
- ½ чаена лъжичка смлян бахар
- 1 чаена лъжичка семена от кимион
- 1 чаена лъжичка сух майорана
- 1½ чаена лъжичка бял пипер
- 3 супени лъжици сол
- 1 чаша студена вода

ИНСТРУКЦИИ:

a)Комбинирайте всички съставки, разбъркайте добре и отново прекарайте през финото острие на мелницата.

b) Нещата в свинска обвивка.

54. Немски кренвирши (виенски)

СЪСТАВ:

- 3 паунда фино смляно говеждо месо
- 2 паунда фино смляно свинско дупе
- 2 чаени лъжички бял пипер
- 1 чаена лъжичка смлян кориандър
- 1 чаена лъжичка смлян джинджифил
- 1 чаена лъжичка смлян бздуган
- 4 скилидки пресован чесън
- 1½ супени лъжици сол
- 1½ чаши вода

ИНСТРУКЦИИ:

a)Комбинирайте всички съставки, разбъркайте добре и напълнете в овче черво.
b) Пушете за 2 или 3 часа при 115°F или докато се достигне наситен оранжев цвят.
c) След това гответе във вода, загрята до 160°-170°F, докато кренвиршите изплуват.

55. Немски кренвирш (Wienerwurst)

СЪСТАВ:

- $3\frac{1}{2}$ фунта фино смляно свинско дупе
- $1\frac{1}{2}$ паунда фино смляно телешко задушено месо
- $\frac{3}{4}$ чаша ситно нарязан лук
- 3 скилидки пресован чесън
- 2 супени лъжици смлян кориандър
- $\frac{1}{2}$ чаена лъжичка майорана
- $\frac{1}{2}$ чаена лъжичка смлян боздуган
- $\frac{3}{4}$ супени лъжици смляна горчица
- 2 супени лъжици червен пипер
- 2 чаени лъжички бял пипер
- 2 белтъка

- 1 супена лъжица захар
- 1 супена лъжица сол
- ½ чаша мляко
- 1 чаша студена вода

ИНСТРУКЦИИ:

a)Пюрирайте всички съставки с изключение на месото.

b) Разбъркайте добре и отново прекарайте през финото острие на мелачката.

c) Добавете месото към сместа и напълнете в малка свинска или овча обвивка.

d) Сварете (без да ги разделяте) във вряща вода за около 20 минути.

e) Поставете в ледена вода, извадете и съхранявайте.

56. Немски ehirnwurst

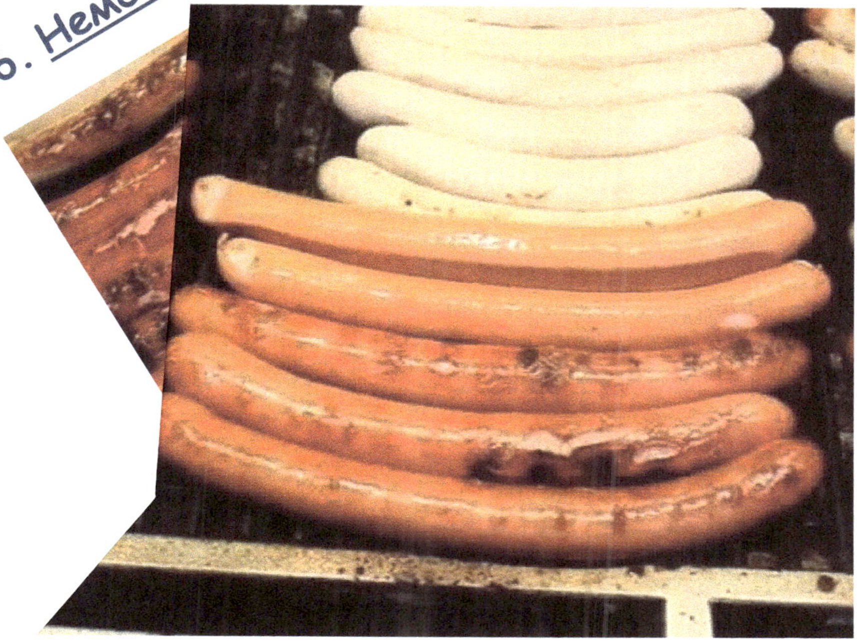

. АВ:

-½ паунда свински мозъци (сготвени в ıподсолена, подкислена вода)

- 2½ паунда грубо смляно свинско месо
- 2 супени лъжици сол
- 1 супена лъжица черен пипер
- 2 ч.л
- 1 чаша вода

ИНСТРУКЦИИ:

а)Гответе свинските мозъци до готовност.

b) Комбинирайте всички
разбъркайте добре и напълне
обвивка.

c) За готвене, варете във вр
пържете или печете.

57. Немски кнаквурст

СЪСТАВ:

- 4 паунда средно смляно свинско месо
- 2 килограма говеждо месо
- 3 супени лъжици сол
- $1\frac{1}{2}$ супени лъжици кимион
- 1 супена лъжица чесън на прах
- 1 чаша вода

ИНСТРУКЦИИ:

а)Комбинирайте всички съставки и ги напълнете в свинска обвивка.

b) Изсушете 2 дни в хладилник, след това охладете на дим, докато колбасите придобият кехлибарен цвят.
c) Поширайте 10 минути, след което ги запържете в масло, докато покафенеят приятно.

58. Немски Кьонигсвурст

СЪСТАВ:

- $2\frac{1}{2}$ паунда грубо смляно пилешко месо
- $2\frac{1}{2}$ килограма месо от яребица
- $\frac{3}{4}$ чаша гъби, нарязани
- 2 яйца
- 2 супени лъжици сол
- 2 супени лъжици черен пипер
- 2 ч.л
- 1 чаша рейнско вино

ИНСТРУКЦИИ:

a)Комбинирайте всички съставки, разбъркайте добре и сложете в овчата обвивка.

b) За готвене, пържене в тиган, печене или печене до приятно златисто кафяво от всички страни.

59. немски _ ноквурст

СЪСТАВ:

- 3 паунда фино смляно говеждо месо
- 2 паунда фино смляно свинско дупе
- 2 супени лъжици сол
- 2 супени лъжици захар
- 2$\frac{1}{2}$ супени лъжици бял пипер
- 2 ч.л
- $\frac{1}{4}$ чаена лъжичка смлян бахар
- $\frac{1}{2}$ чаена лъжичка кориандър
- 1 супена лъжица червен пипер
- 4 скилидки пресован чесън
- 1 чаша вода

ИНСТРУКЦИИ:

a) Комбинирайте всички съставки, разбъркайте добре и напълнете в свинска обвивка.

b) За готвене, печене или пържене.

60. Немски черен дроб

СЪСТАВ:

- 2½ паунда фино смлян варен свински черен дроб (варен)
- 2½ фунта фино смляно варено свинско дупе (варено)
- 2 супени лъжици сол
- 1 чаша настърган лук
- 1 супена лъжица захар
- 2¼ чаени лъжички бял пипер
- ½ чаени лъжички смлян градински чай
- ½ чаена лъжичка майорана
- ½ чаени лъжички смляно индийско орехче

- $\frac{1}{4}$ чаена лъжичка смлян джинджифил
- 1 чаша вода, използвана за варене на месо

ИНСТРУКЦИИ:

a)Комбинирайте всички съставки, разбъркайте, докато стане гладка и пастообразна, и напълнете в телешка, свинска или платнена обвивка.

b) Варете в подсолена вода за около 20 минути.

c) Охладете за 24 часа преди употреба. Използвайте като намазка.

61. Немски Метвурст

СЪСТАВ:

- 3 паунда фино смляно варено свинско дупе (варено)
- 2 паунда фино смлян варен свински черен дроб (варен)
- 1 супена лъжица сол
- 3 супени лъжици бял пипер
- 3 супени лъжици кориандър
- 1 чаша вода, използвана за варене на месо

ИНСТРУКЦИИ:

a)Комбинирайте всички съставки, разбъркайте, докато стане гладка и пастообразна, и напълнете в свинска, телешка или платнена обвивка.

b) Варете в подсолена вода за около 20 минути.

c) Охладете за 24 часа преди употреба.

d) Използвайте го като намазка.

62. Немски Мец

СЪСТАВ:

- 4 паунда фино смляно говеждо месо
- 1 килограм фино смлян бекон
- 1 супена лъжица черен пипер
- 1 чаена лъжичка смлян кориандър
- 1 супена лъжица сол
- 1 чаша рейнско вино

ИНСТРУКЦИИ:

a)Комбинирайте всички съставки, разбъркайте добре и напълнете в свинска обвивка.

b) Завържете се с дължина 6 инча.

c) Студено пушене за 24 часа. За готвене, пържене или печене.

63. Немски Швабишевурст

СЪСТАВ:

- 5 паунда фино смляно свинско дупе
- 2 супени лъжици сол
- 3 супени лъжици черен пипер
- 3 супени лъжици захар
- 6 скилидки пресован чесън
- 2 супени лъжици семена от кимион
- 1 чаша студена вода

ИНСТРУКЦИИ:

a)Комбинирайте всички съставки, разбъркайте добре и напълнете в свинската обвивка.

b) За да готвите, оставете да заври и оставете да къкри около 40 минути.

c) Печете, пържете или яжте както е.

64. Немски Wurstchen

СЪСТАВ:

- 3 паунда средно смляно свинско дупе
- 2 килограма средно смляно телешко месо
- 2 супени лъжици сол
- 2 супени лъжици черен пипер
- 2 супени лъжици пименто
- 2 супени лъжици кардамон
- 1 чаша рейнско вино

ИНСТРУКЦИИ:

a)Комбинирайте всички съставки, разбъркайте добре и напълнете в овче черво.

b) Поширайте около 5 минути, след което печете.

65. Гръцка наденица Луканика

СЪСТАВ:

- 5 паунда грубо смляно свинско дупе
- 3 супени лъжици сол
- 7 скилидки пресован чесън
- 1 супена лъжица мащерка
- 1 супена лъжица майорана
- $1\frac{1}{2}$ чаена лъжичка смлян бахар
- $1\frac{1}{2}$ чаена лъжичка кориандър
- 1 чаена лъжичка натрошен дафинов лист
- $1\frac{1}{2}$ супени лъжици настъргана портокалова кора
- 1 чаша червено вино

ИНСТРУКЦИИ:

а)Комбинирайте всички разбъркайте добре и напълнете обвивка или направете банички.

66. Гръцка портокалова наденица

СЪСТАВ:

- 3 паунда фино смляно свинско дупе
- 2 килограма фино смляно говеждо месо
- 3 скилидки пресован чесън
- 1 голям портокал
- 1 супена лъжица канела
- 1 супена лъжица бахар
- 1 супена лъжица черен пипер
- 1 супена лъжица сол
- 1 чаша бяло вино

ИНСТРУКЦИИ:

a)Комбинирайте чесън, портокалова кора, канела, бахар, черен пипер, сол и вино.

b) Смесете в блендер, докато портокаловата кора се накълца на ситно.

c) Разбъркайте добре месото и го напълнете в свинска обвивка или направете банички.

67. Гръцка свинска наденица

СЪСТАВ:

- 5 паунда средно смляно свинско дупе
- 1 голяма ситно нарязана глава лук
- 6 скилидки пресован чесън
- 2 супени лъжици черен пипер
- 2 супени лъжици листа от риган
- $\frac{3}{4}$ чаени лъжички кайен
- $\frac{3}{4}$ чаени лъжички чили на прах
- $\frac{3}{4}$ супени лъжици бахар
- $\frac{3}{4}$ супени лъжици мащерка
- 2 дафинови листа
- $\frac{1}{2}$ чаша нарязан магданоз
- 1 чаша вода

ИНСТРУКЦИИ:

a)Комбинирайте всички съставки, разбъркайте добре и напълнете в свинска обвивка.

b) За готвене, печене или пържене.

68. Гръцки Кървавица

СЪСТАВ:

- 5 паунда едросмляно варено свинско дупе (варено)
- 2 супени лъжици сол
- 1 чаша настърган лук
- 1 супена лъжица черен пипер
- ½ чаена лъжичка смлян майорана
- ½ чаена лъжичка смляна мащерка
- ½ чаена лъжичка боздуган
- ½ чаена лъжичка смлян карамфил
- 1 кварта свинска кръв

ИНСТРУКЦИИ:

a)Комбинирайте всички съставки, разбъркайте добре и напълнете в свинска обвивка.

b) За да готвите, поставете наденицата в хладка вода и оставете да къкри за 15 минути.

c) Добавете една чаена лъжичка оцет на литър прясна кръв, за да я предпазите от коагулация.

69. унгарски Рибен колбас

СЪСТАВ:

- 4 бели хлебчета
- 2 чаши мляко
- 5 килограма рибно филе
- 8 яйца
- 4 супени лъжици магданоз
- 2 чаени лъжички сол
- 1 чаена лъжичка черен пипер

ИНСТРУКЦИИ:

а)Кифличките се накисват в прясно мляко, изцеждат се, накъсват се и се смесват с рибата, яйцата, магданоза, сол и черен пипер и се пълнят в овче черво.

b) Запържете или запържете наденицата.

70. унгарски Хази Колбаш

СЪСТАВ:

- 5 паунда средно смляно свинско месо
- 4 скилидки чесън
- 2 супени лъжици сол
- 2 супени лъжици черен пипер
- 1½ супени лъжици червен пипер
- ½ чаена лъжичка смлян карамфил
- 1 лимонова кора
- 1 чаша вода

ИНСТРУКЦИИ:

a)Комбинирайте всички съставки и ги напълнете в свинска обвивка.

b) Печете около 1 час при 350°F.

71. Унгарска хурка

СЪСТАВ:

- 4 паунда свинско дупе
- 2 килограма свинско сърце
- 1 килограм свинска челюст
- 1 килограм свински черен дроб
- $\frac{1}{4}$ чаша сол
- 1 супена лъжица черен пипер
- $\frac{1}{8}$ чаени лъжички смлян майоран
- 1 голяма глава лук, запържена в $\frac{1}{4}$ чаша свинска мас
- 5 килограма варен ориз

ИНСТРУКЦИИ:

a)Гответе и смилайте месото през едро острие. Добавете 1 чаша сок от свареното месо.

b) Смесете всичко заедно и напълнете в свинска обвивка. Пуснете във вряща вода. Сварете за 1 минута, извадете и запечете по-късно.

72. Унгарски колбаш

СЪСТАВ:

- 12 паунда грубо смляно свинско месо
- 6 големи скилидки чесън
- $\frac{1}{4}$ чаша сол
- 2 супени лъжици черен пипер
- 3 супени лъжици червен пипер
- 1 чаена лъжичка лют червен пипер
- 1 чаша вода

ИНСТРУКЦИИ:

a)Сварете чесъна във вода, след което го намачкайте.

b) Добавете течността и чесъна към другите съставки и разбъркайте.

c) Нещата в свинска обвивка.

73. Унгарска Majas Hurka (люта наденица)

СЪСТАВ:

- 1 килограм свинско дупе
- 2 килограма свински черен дроб
- 2 килограма свински бели дробове
- 2 супени лъжици сол
- 1 чаша неварен ориз
- $2\frac{1}{2}$ чаши телешки бульон (бульон)
- 2 големи глави лук
- $\frac{1}{2}$ килограм свинска мас
- 1 супена лъжица черен пипер
- 1 чаена лъжичка майорана

ИНСТРУКЦИИ:

a)Сварете свинско дупе, черен дроб и бели дробове заедно с 1 супена лъжица сол.

b) Сварете ориза в телешкия бульон и запържете лука, докато омекне.

c) Комбинирайте всички съставки с изключение на ориза и прекарайте през фината плоча на мелницата.

d) Добавете ориза, разбъркайте добре и напълнете свинската обвивка. За да готвите, сварете наденицата за 10 минути, след това изпържете или изпечете.

74. Ирландска наденица

СЪСТАВ:

- 5 паунда грубо смляно свинско дупе
- 5 чаши галета
- 4 яйца, леко разбити
- 8 скилидки пресован чесън
- 1 супена лъжица сол
- 3 супени лъжици мащерка
- 3 супени лъжици босилек
- 3 супени лъжици розмарин
- 3 супени лъжици майорана
- 3 супени лъжици черен пипер
- 2 чаши вода

ИНСТРУКЦИИ:

a)Комбинирайте всички съставки, разбъркайте добре и напълнете в овче черво.

b) За готвене се запържва в масло или олио.

75. ирландски Болоня

СЪСТАВ:

- 3 килограма говеждо месо
- 2 килограма свинско дупе
- 2 супени лъжици сол
- 1 супена лъжица бял пипер
- 4 скилидки пресован чесън
- ½ чаени лъжички смлян кориандър
- ½ чаена лъжичка смлян джинджифил
- ½ чаена лъжичка смляна горчица
- ½ чаени лъжички смляно индийско орехче
- 2 чаши вода

ИНСТРУКЦИИ:

a)Смелете говеждо месо с половината сол в плоча за грубо смилане и оставете да се втвърди в хладилник за около 48 часа.

b) Използвайте другата половина от солта, когато пускате свинското месо през плоча за грубо смилане, и го излекувайте за една нощ.

c) Смелете отново изсушеното говеждо с помощта на фина чиния, след това добавете свинско и смелете отново сместа. Добавете подправките и водата и разбъркайте обилно докато сместа стане лепкава. Може да ви отнеме 30-40 минути, за да постигнете тази консистенция.

d) Напълнете наденицата в телешка обвивка или муселинени торби и оставете на хладно място за една нощ.

e) Пушете при около 115°F за 2 часа или до наситено махагоново кафяво.

f)Поставете горещата, прясно пушена наденица веднага във вода, загрята до около 170°F, и я гответе, докато изскърца, когато натискът на палеца и пръста върху обвивката внезапно отслабне.

g) Обичайното време за готвене на наденица, пълнена в телешки черва, е 15-30 минути - за по-голяма обвивка 60-90 минути.
h) Потопете сварената наденица в студена вода и я охладете. Закачете на хладно място.

76. Италиански Варен салам

СЪСТАВ:

- 2½ фунта фино смляно говеждо месо
- 2½ фунта фино смляно свинско дупе
- 3 супени лъжици сол
- 5 супени лъжици мед
- 1 супена лъжица черен пипер
- 3 супени лъжици цял черен пипер
- 1 супена лъжица кардамон
- 10 скилидки пресован чесън
- 1 чаша сухо обезмаслено мляко
- 1 чаша вода

ИНСТРУКЦИИ:

a)Комбинирайте всички съставки, разбъркайте добре и охладете за 24 часа.

b) Напълнете в обвивка от целулоза или влакна. Охладете дима за 1–2 часа или докато обвивката изсъхне.

c) Постепенно увеличете температурата в камерата за опушване до 160°-165°F.

d) Леко пушете, докато се достигне вътрешна температура от 140°F.

e) Охладете наденицата в студена вода и оставете на стайна температура 2-3 часа.

f)Приберете в хладилник.

77. Италиански Котечино

СЪСТАВ:

- 5 паунда грубо смляна прясна шунка с кожа
- 2 супени лъжици сол
- 1 ⅓ супени лъжици едър черен пипер
- 2 супени лъжици смляно индийско орехче
- 2 супени лъжици смляна канела
- 2 супени лъжици лют червен пипер
- ½ чаша сирене пармезан
- 1 чаена лъжичка смлян карамфил
- 1 чаша студена вода

ИНСТРУКЦИИ:

a)Комбинирайте всички съставки, разбъркайте добре и напълнете в свинска обвивка.

b) Оставете 2 дни в хладилник преди консумация или замразяване.

78. Италиански Луганега

СЪСТАВ:

- 5 паунда фино смляно свинско дупе
- $1\frac{1}{2}$ чаши настърган пармезан
- ⅔ чаени лъжички смляно индийско орехче
- ⅔ чаени лъжички смлян кориандър
- $\frac{1}{2}$ чаени лъжички настъргана лимонова кора
- $\frac{1}{2}$ чаени лъжички настъргана портокалова кора
- $1\frac{1}{4}$ чаена лъжичка черен пипер
- 2 скилидки пресован чесън
- 1 супена лъжица сол
- 1 чаша сух вермут

ИНСТРУКЦИИ:

a)Комбинирайте всички съставки, разбъркайте добре и напълнете в свинска обвивка.

b) Оставете да престои в хладилника 1 или 2 дни преди замразяване.

79. Италианска чушка наденица

СЪСТАВ:

- $4\frac{1}{2}$ паунда грубо смляно свинско месо
- $1\frac{1}{2}$ паунда осолено свинско месо
- 1 скилидка чесън
- 1 глава лук, нарязана на четвъртинки
- $1\frac{1}{2}$ супени лъжици прясно смлян черен пипер
- 2 супени лъжици сол
- 4 супени лъжици червен пипер
- 4 супени лъжици копър
- 2 супени лъжици смлян червен пипер, изсушен
- $\frac{1}{4}$ чаена лъжичка мащерка

- $\frac{1}{2}$ чаена лъжичка дафинов лист, натрошен
- $\frac{1}{4}$ чаена лъжичка кориандър
- 1 чаша червено вино

ИНСТРУКЦИИ:

a)Комбинирайте всички съставки, разбъркайте добре и напълнете в свинска обвивка.

b) Можете да разцепите по дължина и да запечете на среден огън или да запържите в тиган до кафяво от всички страни и добре изпечено.

80. Италианска наденица

СЪСТАВ:

- 5 паунда грубо смляно свинско дупе
- 1 супена лъжица сол
- 1 супена лъжица едър черен пипер
- 5 скилидки пресован чесън
- 1 супена лъжица семена от копър
- 1 чаена лъжичка семена от анасон
- 1 чаша студена вода

ИНСТРУКЦИИ:

a)Добавете 1 супена лъжица счукана люта чушка за по-люта наденица.

b) Комбинирайте всички съставки, разбъркайте добре и напълнете в свинска обвивка или направете банички.

81. Италианска наденица (люта)

СЪСТАВ:

- 5 паунда грубо смляно свинско дупе
- 2 супени лъжици сол
- 2 супени лъжици семена от копър
- 2 супени лъжици захар
- 1 супена лъжица счукана люта чушка
- ½ чаени лъжички семена от кимион
- 2 супени лъжици кориандър
- 1 чаша вода

ИНСТРУКЦИИ:

a)Комбинирайте всички съставки, разбъркайте добре и напълнете в свинска обвивка.

b) За готвене, пържене или печене.

82. Италианска наденица (сладка)

СЪСТАВ:

- 5 паунда грубо смляно свинско дупе
- 3 супени лъжици семена от копър
- 2 чаени лъжички бял пипер
- $1\frac{1}{2}$ чаена лъжичка листа градински чай
- 5 скилидки пресован чесън
- 3 супени лъжици сол
- 1 чаша бяло вино

ИНСТРУКЦИИ:

а)Комбинирайте всички съставки, разбъркайте добре и напълнете в свинска обвивка или направете банички.

83. Италианска наденица (сладка или люта)

СЪСТАВ:

- 5 паунда грубо смляно свинско дупе
- 1 ⅓ супени лъжици сол
- 1½ супени лъжици едро смлян черен пипер
- 1 ⅓ супени лъжици смлян кориандър
- 5 скилидки пресован чесън
- 2 супени лъжици червен пипер
- 1 чаша студена вода

ИНСТРУКЦИИ:

a)Добавете 2 чаени лъжички с... ени червени чушки за люта наденица.

b) Комбинирайте всички ... ставки, разбъркайте добре и напълнете ... нска обвивка или направете банички.

84. Италиански чоризо

СЪСТАВ:

- 5 паунда грубо смляно свинско дупе
- $\frac{1}{2}$ чаша червен винен оцет
- 1 голяма нарязана глава лук
- 5 скилидки пресован чесън
- 1 супена лъжица сол
- 3 супени лъжици кафява захар
- $1\frac{1}{2}$ чаена лъжичка кимион
- $\frac{1}{2}$ чаена лъжичка кориандър
- 1 чаена лъжичка сушени листа от мента
- 1 супена лъжица риган
- 1 чаена лъжичка босилек
- 3 супени лъжици чили на прах

- 1 чаша вода

ИНСТРУКЦИИ:

а)Комбинирайте всички съставки, разбъркайте добре и напълнете в свинска обвивка.

85. мексикански Сонора Чоризо

СЪСТАВ:

- 5 паунда грубо смляно свинско дупе
- 6 скилидки пресован чесън
- 1 малка глава лук на кубчета
- 2 супени лъжици пимент
- 2 супени лъжици чили на прах (или повече)
- $\frac{1}{4}$ чаша бренди
- $\frac{1}{4}$ чаша оцет
- 1 чаена лъжичка черен пипер
- $\frac{1}{2}$ чаени лъжички канела
- $1\frac{1}{2}$ чаена лъжичка кимион

- $1\frac{1}{2}$ супени лъжици сол
- 1 чаша вода

ИНСТРУКЦИИ:

а)Комбинирайте всички съставки, разбъркайте добре и напълнете в свинска обвивка.

86. мексикански Чоризо

СЪСТАВ:

- 5 паунда грубо смляно свинско дупе
- 5 супени лъжици сол
- 2 супени лъжици черен пипер
- 1 супена лъжица чили на прах
- 2 чаени лъжички счукани люти чушки, сушени
- 2 супени лъжици смлян кимион
- 2 супени лъжици червен пипер
- 2 големи глави смлян лук
- 8 скилидки пресован чесън
- 1 чаша студена вода

ИНСТРУКЦИИ:

a)Комбинирайте всички съставки, разбъркайте добре и напълнете в свинска обвивка или направете банички. И напълнете в свинска обвивка или направете банички.

b) Изчакайте.

87. мексикански/испански Агнешка наденица

СЪСТАВ:

- 5 паунда грубо смляно агнешко
- $1\frac{3}{4}$ чаши нарязан магданоз
- $1\frac{3}{4}$ чаши смлян лук
- 2 супени лъжици майорана
- $\frac{1}{2}$ чаени лъжички кимион
- $1\frac{1}{2}$ чаена лъжичка кориандър
- 2 супени лъжици риган
- 3 супени лъжици кайен
- 3 супени лъжици черен пипер
- 1 супена лъжица сол

● 1 чаша студена вода

ИНСТРУКЦИИ:

a)Комбинирайте всички съставки, разбъркайте добре и напълнете в овче черво.

b) За готвене, печене, барбекю (много хубаво) или печене.

88. Норвежка наденица

СЪСТАВ:

- 3 паунда грубо смляно говеждо месо
- 2 паунда грубо смляно свинско дупе
- $1\frac{1}{2}$ супени лъжици сол
- 4 средни глави лук, настъргани
- 1 супена лъжица черен пипер
- $2\frac{1}{2}$ чаени лъжички индийско орехче
- 1 чаша студена вода

ИНСТРУКЦИИ:

а)Комбинирайте всички съставки, разбъркайте добре и напълнете в свинска обвивка.

b) За готвене, печене или пържене.

89. Полска кървавица

СЪСТАВ:

- 2½ паунда грубо смляно свинско дупе
- 2 литра свинска кръв
- 2½ чаши варен ориз или ечемик
- 1 чаена лъжичка джинджифил
- 1½ чаена лъжичка черен пипер
- 1½ чаена лъжичка бахар
- 1 супена лъжица сол
- 3 скилидки пресован чесън
- 2 чаени лъжички бакпулвер

ИНСТРУКЦИИ:

a)Комбинирайте всички съставки, разбъркайте добре и напълнете в свинска обвивка. За да готвите, печете на около 375°F за 1 час.

b) Добавете една чаена лъжичка оцет на литър прясна кръв, за да я предпазите от коагулация.

90. полски Kielbasa

СЪСТАВ:

- 5 паунда смляно свинско месо
- 2 супени лъжици сол
- $1\frac{1}{2}$ чаена лъжичка черен пипер
- 1 чаена лъжичка майорана
- 3 скилидки чесън, нарязани на ситно
- 1 чаша вода

ИНСТРУКЦИИ:

a) Комбинирайте всички съставки, разбъркайте добре и напълнете в свинска обвивка.

b) За да готвите, покрийте частично и оставете да къкри за $1\frac{1}{2}$ часа.

91. Полска Kiszka

СЪСТАВ:

- 3 паунда едросмляно варено свинско дупе
- 2 килограма варена елда
- ½ чаена лъжичка майорана
- 1 супена лъжица сол
- 1 супена лъжица черен пипер

ИНСТРУКЦИИ:

a) Комбинирайте всички съставки, разбъркайте добре и напълнете в свинска обвивка.

b) За готвене, печене или както желаете.

92. Полски Kiszka z Krwia

СЪСТАВ:

- 4 разцепени свински крака
- 3 паунда свинско дупе на кубчета
- 7 глави лук
- 3 килограма свински дроб на кубчета
- 5 килограма елда
- 1 супена лъжица смлян бахар
- 2 супени лъжици смлян майорана
- 2½ супени лъжици сол
- 2 супени лъжици черен пипер
- 1 т. свинска кръв (добавете последно)

ИНСТРУКЦИИ:

a)Гответе заедно всички съставки.

b) Комбинирайте всички съставки и гответе до готовност (с изключение на кръвта).

c) Охладете и добавете кръвта. Разбъркайте добре и напълнете в свинската обвивка. Печем до готовност. Чудесен!

d) Добавете една чаена лъжичка оцет на литър прясна кръв, за да я предпазите от коагулация.

93. полска наденица

СЪСТАВ:

- 5 паунда средно смляно свинско дупе
- $1\frac{1}{2}$ супени лъжици сол
- 1 супена лъжица захар
- 1 супена лъжица черен пипер
- 1 чаена лъжичка майорана
- 4 скилидки пресован чесън
- 1 чаша вода

ИНСТРУКЦИИ:

а)Комбинирайте всички съставки, разбъркайте добре и напълнете в свинска обвивка.

b) За готвене, печене или пържене.

94. Пушена полска килбаса

СЪСТАВ:

- 5 паунда фино смляно свинско дупе
- 3 супени лъжици сол
- 1 супена лъжица захар
- 1 супена лъжица черен пипер
- 8 скилидки пресован чесън
- 1 чаена лъжичка майорана
- 1 чаша вода

ИНСТРУКЦИИ:

a) Комбинирайте всички съставки, разбъркайте добре и охладете за 24 часа.

b) Напълнете в голяма свинска обвивка.

c) Охладете дима за 1-2 часа или докато обвивката изсъхне. Постепенно увеличете температурата в камерата за опушване до 160°-165°F.

d) Нанесете силен дим, докато се достигне вътрешна температура от 140°F.

e) Охладете наденицата в студена вода и оставете на стайна температура 2-3 часа.

95. португалски език

СЪСТАВ:

- 5 паунда грубо смляно свинско дупе
- 2 супени лъжици сол
- 1 супена лъжица захар
- 8 скилидки пресован чесън
- $\frac{1}{4}$ чаша винен оцет
- 4 супени лъжици червен пипер
- 1 супена лъжица черен пипер
- 3 супени лъжици майорана
- 1 чаша червено вино

ИНСТРУКЦИИ:

a)Комбинира…е всички съставки и разбъркайт…обре.

b) Нещо… свинска обвивка.

c) За… не се запържва в рейнско вино или …

96. Румънска телешка надени

СЪСТАВ:

- 5 паунда грубо смляно говеждо месо
- 5 супени лъжици сол
- 1 чаена лъжичка черен пипер
- 5 скилидки пресован чесън
- 1 супена лъжица сода
- 1½ чаена лъжичка карамфил
- 1 чаша вода
- 2 супени лъжици захар

ИНСТРУКЦИИ:

а)Комбинирайте всички съставки, разбъркайте добре и напълнете в свинска обвивка.

97. Румънски Мititeй

СЪСТАВ:

- 5 паунда средно смляно говеждо месо
- 8 скилидки пресован чесън
- 3 супени лъжици сода бикарбонат
- 1 супена лъжица сол
- 1 супена лъжица черен пипер
- 1 чаша нарязан магданоз
- ⅔ чаша зехтин
- 1 чаша топла вода

ИНСТРУКЦИИ:

а)Комбинирайте всички съставки, разбъркайте добре и напълнете в свинска обвивка.

b) За готвене, барбекю, печене или печене.

98. Румънски колбас от свинско и телешко месо

СЪСТАВ:

- 3 паунда средно смляно свинско дупе
- 2 паунда средно смляно говеждо месо
- 6 скилидки пресован чесън
- 1½ супени лъжици сол
- 2 супени лъжици черен пипер
- ½ чаена лъжичка майорана
- ½ чаени лъжички любов
- 1 чаша вода

ИНСТРУКЦИИ:

a)Комбинирайте всички съставки, разбъркайте добре и напълнете в свинска обвивка.

b) Печете или печете.

99. руска наденица

СЪСТАВ:

- 5 паунда грубо смляно свинско дупе
- 2 големи нарязани глави лук
- 2 супени лъжици пресован чесън
- 1 чаша пресен магданоз, нарязан
- 3 супени лъжици семена от копър
- 3 супени лъжици семена от кимион
- 1 супена лъжица черен пипер
- 1 супена лъжица сол
- 2 чаши вода

ИНСТРУКЦИИ:

a)Комбинирайте всички съставки, разбъркайте добре и напълнете в свинска обвивка.

b) Печете на 350°F, приблизително 1 час.

100. шотландски Хагис

СЪСТАВ:

- 1 овчи стомах
- 1 овче сърце
- 1 овчи бели дробове
- 1 овчи черен дроб
- $\frac{3}{4}$ чаша овесени ядки
- $\frac{1}{2}$ килограм прясно телешко сат
- 3 глави лук, нарязани
- 1 чаена лъжичка сол
- $\frac{1}{8}$ чаени лъжички черен пипер
- щипка кайен

- $\frac{3}{4}$ чаша бульон
- 1 чаша уиски

ИНСТРУКЦИИ:

a)Измийте обилно стомаха, обърнете наопаки и попарете във вряща вода. Изстържете с нож. Накиснете за една нощ в студена солена вода.

b) Сварете сърцето, белите дробове и черния дроб за $1\frac{1}{2}$ часа. Готино.

c) Препечете овесена каша във фурната.

d) Нарежете хрущялите и тръбите, а черния дроб настържете на едро.

e) Нарежете сърцето и белите дробове и смесете всички съставки заедно.

f)Добавете още сол и черен пипер, ако желаете. Напълнете стомаха до две трети.

g) Трябва да има място за бухване на овесените ядки.

h) Натиснете въздуха от торбата и зашийте здраво.

i) Убодете стомаха няколко пъти с игла.

j) Вари се 3 часа без капак.

k) Добавете вода, колкото е необходимо. Отстранете конците и сервирайте с лъжица.

ЗАКЛЮЧЕНИЕ

Поздравления, стигнахте до края на Най-добрата готварска книга за правене на колбаси! Надяваме се, че ви е харесало да изследвате света на домашните колбаси и сте открили някои нови любими рецепти по пътя.

Знаем, че приготвянето на колбаси може да бъде трудна задача за някои, но се надяваме, че тази готварска книга е демистифицирала процеса и ви е дала увереността да опитате нови неща в кухнята. Независимо дали сте опитен професионалист или начинаещ, правенето на собствени колбаси е възнаграждаващо и удовлетворяващо изживяване, което със сигурност ще впечатли вашите приятели и семейство.

Не забравяйте, че ключът към успешното приготвяне на колбаси е използването на висококачествени съставки и стриктното спазване на рецептите. Не се страхувайте да експериментирате с различни вкусове и подправки, за да създадете свои собствени уникални рецепти.

И ако тази готварска книга ви е харесала, не забравяйте да разгледате другите ни заглавия за още вкусни рецепти и кулинарно вдъхновение.

Благодарим ви, че се присъединихте към нас в това пътуване и приятно правене на колбаси!

CPSIA information can be obtained
at www.ICGtesting.com
Printed in the USA
LVHW021554050423
743357LV00027B/907

9 781783 572106